मैं शायद तुम ही हूँ

मेरी तुम्हारी कुछ सुनहरी कविताएँ

प्रज्ञा नारायण

BookLeaf Publishing
India | USA | UK

Made with ❤ on the BookLeaf Publishing Platform
www.bookleafpub.in
www.bookleafpub.com

Dedication

ये क़िताब, ये कविताएँ समर्पित हैं इस ब्रह्मांड की हर एक औरत को, क्योंकि मुझे लगता है कि अगर किसी और आकाशीय पिंड पर जीवन है, और वहाँ हमारे जैसी औरतें हैं, तो यक़ीनन वो भी, हमारी जैसी ही होंगी....
साथ ही मैं, मेरी इस पहली क़िताब को समर्पित करती हूँ भारत के अमर गायक, ब्रह्मपुत्र की मख़मली आवाज़, किंग ऑफ़ हमिंग, ज़ुबीन दा को, जिन्होंने पिछले ही महीने इस दुनिया को अलविदा कह दिया लेकिन उनकी आवाज़ और उनके विचार सदियों तक इस दुनिया को बेहतर बनाते रहेंगे।

Preface

एक औरत होने के नाते अपना जीवन जीते हुए मुझे कई बार ये एहसास हुआ कि, इस दुनिया की सारी औरतें ना जाने किस अदृश्य पर बड़े ही मज़बूत धागे से बंधी हुई हैं।
हम सभी इस जीवनकाल में कितनी ही बार, एक जैसे एहसासों से गुज़रती हैं और बिलकुल एक जैसा महसूस करती हैं, और मुझे ये कहने में कोई गुरेज़ नहीं है कि हम चाहे जिस भी परिवेश से आती हों, चाहे जिस भी देश से आती हों, चाहे जो भी हमारी पढ़ाई लिखाई हो या ना हो, चाहे हमारे पास बहुत पैसा हो या ना हो, हमारी शादी हुई हो या ना हो, हमारे बच्चे हों या ना हों, हम कामकाजी हों या ना हों, हम उन जज़्बात को भली भाँति जानती हैं जो हमें जोड़ते हैं उस अदृश्य धागे से। जो हमें एक बनाते हैं।

इन कविताओं को लिखते हुए, बहुत बार, मुझे एक औरत होने की सच्चाई का बहुत तीव्रता से एहसास हुआ, उन पलों में हर बार लगा कि मैं सिर्फ़ और सिर्फ़ एक औरत हूँ और ये मेरी सबसे ज़रूरी पहचान है।
ना किसी की बेटी, ना किसी की बहन, ना किसी की बीवी और ना किसी की माँ, बस, सिर्फ़ एक औरत जो इस पूरी दुनिया की सभी औरतों से एक अनोखे, जादुई बंधन से बंधी हुई है।

इसीलिए, इस किताब को नाम दिया मैंने, **"मैं शायद तुम ही हूँ, मेरी तुम्हारी कुछ सुनहरी कविताएँ"**

उम्मीद है, ये आप को भी उस अदृश्य धागे का एहसास करायेगी

बिलकुल वैसे, जैसे डोर खींचने पर एक पतंग को होता है।

और यदि आप एक औरत नहीं है, तो निस्संदेह किसी ना किसी औरत के साथी, पति, पिता या भाई ज़रूर होंगे, तो ऐसे में ये किताब आपको अपने जीवन की इन आधार शिलाओं से और बेहतर जोड़ पाएगी। और मेरी इस क़िताब का कुछ हिस्सा, हमारे जीवन को सुंदर और सफल बनाने की कोशिश में लगे आप जैसे कमाल के पुरुषों को भी समर्पित हैं।

Acknowledgements

इस से पहले की आप कविताओं के सागर में डूबने उभरने लगें, मैं कुछ बहुत ही ज़रूरी mentions करना चाहती हूँ।
मेरी माँ श्रीमती शारदा शर्मा, मेरी छोटी बहन ऋचा, मेरी बिटिया रुझान, मेरी ननद पारुल, मेरी दोस्त डॉ. रजनी होडा और मुनव्वर, मेरी स्कूल टीचर मेधा पॉल मैम और मेरी गुरु डॉ. मीनाक्षी सुंदरम्, ये वो शानदार औरतें हैं जिनके होने से मैंने जीवन में अपने औरत होने को हर रोज़ सराहा है। इन सभी के व्यक्तित्व ने मुझे एक स्त्री के अपार होने की संभावना को संभव कर, प्रत्यक्ष दिखाया है। इन बेमिसाल महिलाओं के मेरे जीवन में योगदान के लिए मैं सदियों तक ऋणी रहूँगी।

और इसके बाद सबसे ज़रूरी शुक्रिया बनता है, मेरे पापा के लिए, श्री नारायण प्रसाद शर्मा, जिन्होंने अपनी बेटियों को ना सिर्फ़ पंख दिये बल्कि उनके लिए आसमान के सिरे खोल दिये मनचाही उड़ान भरने के लिए।
मेरा भाई हुलास शर्मा, छोटा होने पर भी दुनिया का सबसे निश्छल और प्यारा भाई होने के लिए, मेरा बेटा हिरण्य जिसने मुझे औरत होने के एक नये ही एहसास से मिलाया, मेरे ससुर राम कुमार पचौरी जी जिन्होंने मुझे सच में अपनी बेटी माना और
आख़िर में जो सबसे ख़ास शुक्रिया है, मेरे जीवन साथी पंकज पचौरी के नाम, जिन्होंने हर मायने में मेरा साथ निभाया है, जब जब मैं ख़ुद से दूर होने लगती, हर बार मुझे लाकर मेरा आईना दिखाया है, जब जब मेरे पंखों में थकान भरने लगती, मुझे फिर से उड़ने का हौंसला दिलाया है।

मेरे जीवन में इन पुरुषों ने ये साबित किया है, कि जब एक अच्छा माहौल एक पौधे को पनपने के लिए मिलता है, तो वो ज़रूर एक शानदार दरख़्त बनता है।

मेरे वाले लोग

मैं उन लोगों से मिलना चाहती हूँ,
जिनके अरमान बड़े हों,
पर वो छोटी छोटी बातों में,
खुश हो जाते हों...

नज़र में दुनिया को
पाने की हसरत रखते हों,
पर, एक तितली की झलक पाते ही,
शुक्र से सराबोर हो जाते हों...

आसमान की उड़ान,
जिनके दिल में
ख़्वाब बन कर पलती हो,
पर, ज़मीं की धूल पर,
बारिश के गिरते ही,
अपना वजूद भूल जाते हों,
ख़ुशी में डूब जाते हों...

ऊँचे पहाड़ों से जिनके,
अडिग अटल इरादे हों,
पर, एक अपने की,
नाज़ुक सी छुअन से ही,
उनके सारे सपने सच हो जाते हों...

मैं उन लोगों से मिलना चाहती हूँ,
जिनकी चाहतें,
आकाशगंगायें नापती हों,
पर वो,
छोटी छोटी बातों में
खुश हो जाते हों...

चलेगा मुझे

मुझे नहीं दौड़ना किसी रेस में,
मुझे नहीं लड़नी कोई जंग,
मुझे नहीं बनाना कोई साम्राज्य,
मुझे नहीं बनना सर्वश्रेष्ठ,
किसी से मुक़ाबला नहीं है मेरा,
ना किसी से कोई तुलना है
मुझे किसी रोल मॉडल सा नहीं,
मुझे बस ख़ुद सा बनना है...
मुझे मंज़ूर है मेरी अधूरी मंज़िलें,
मुझे मंज़ूर है मेरी धीमी रफ़्तार,

मुझे नहीं मालूम,
मैं कब पहुँचूँगी मंज़िल पर,
पर मुझे महसूस करना है,
मेरे सफ़र का हर मोड़,
हर पड़ाव,
हर पत्थर मील का...

अच्छे लगते हैं मुझे,
सफ़र के ऊँचे नीचे,
ऊबड़ खाबड़, सीधे लंबे,
चौड़े संकरे रास्ते...
अज़ीज़ हैं मुझे,
ये पेड़, ये झाड़ियाँ,

पहाड़ पे बनी वो छतरी,
उसपे लहराती ध्वजा...

सुकून देते हैं मुझे,
लहलहाते खेत...
उनमें खड़ा बिजूका,
मेरे मन में
कौतूहल जगाता है...

मुझे पसंद हैं,
खेत के दूसरे किनारे पे
डूबता सूरज,
और घर लौटते पंछी...

मेरा मन झूम उठता है,
तारों से भरा आसमान देखकर...
कोई बात नहीं,
भले उस रात
चाँद ना निकले...

चलेगा मुझे,
उस अंधेरी रात में
तारे गिनना पूरी रात...
चलेगा मुझे,
नींद छोड़ कर
जगते रहना पूरी रात...

मुझे कवितायें लिखनी हैं,
मुझे कहानियाँ कहनी हैं,
मुझे यादें संजोनी हैं....

मुझे कुछ देर,
अपने अंदर झाँकना है...
जो अभी नहीं है पता,
मुझे अपने बारे में,
वो जानना है...

चलेगा मुझे,
कोई ना पहचाने
अनजाने रास्तों पर,
नाम ना हो दुनिया में मेरा
चलेगा मुझे
पर मुझे,
अपने आपको मुक़म्मल पहचानना है.....

मेरे ख़्यालों के कारवाँ

अब से,
सोचा है कि,
काग़ज़ पर सोचूँगी...
बहुत बार,
शायद गिन भी ना पाऊँ कितनी बार
ख़्यालों का कारवाँ चला आता है...
हवा सा आता है,
हवा सा ही चला जाता है...
और मैं,
उसके आने जाने से
ख़बरदार,
पर उदासीन शायद,
कुछ कर ही नहीं पाती...

जब तक कारवाँ के क़िस्से
डायरी के पन्नों पर
उतारने की सोचूँ,
कुकर की सीटी आवाज़ लगा देती है,
या कोई ज़रूरी सा
कॉल चला आता है,
और बस इसी कश्मकश में
कारवाँ मुझे पीछे छोड़,
आगे निकल जाता है...

ख़्यालों के इस कारवाँ ने,
मुझे कई बार बुलाया है,
अपने सफ़र पर साथ चलने को...
मनाने को मुझे
बयाँ किए हैं,
बड़े मज़ेदार क़िस्से,
सुनायीं हैं कितनी ही नायाब कहानियाँ,
लोगों की,
जिन्होंने कभी हार नहीं मानी,
दुनिया बदल दी
अपनी चाहत से,
मुश्किलों के,
सर झुका दिये
अपने कदमों में...

कहानियाँ, बड़ी ही
अजीबोग़रीब जगहों की,
जगहें जहाँ रात का आसमान,
तिलिस्मी नूर से जगमगाता है...
जगहें, जहाँ समंदर,
पूरी रात गाता है...
जगहें जहाँ लोग,
सिर्फ़ ख़ुशियों की बात करते हैं...
जगहें जहाँ आज भी,
पूरा गाँव ताले नहीं लगाता है...

मेरे ख़्यालों के कारवाँ की
ये सारी बातें सुन
मेरा मन मचल जाता है...
एक पिट्ठू बैग में
दो जोड़ी कपड़े
दो डायरी, दो पैन
एक कॅमरा
और एक क़िताब डाल
निकल जाने को...
मैं उठ खड़ी होती हूँ
अपना सामान जमाने को...

जल्दी जल्दी,
ढूँढकर एक बैग,
फटाफट भर लीं है मैंने,
अपने सफ़र की ज़रूरी चीज़ें...

अपने स्कैचर्स ढूँढ रही हूँ,
कहाँ रख दिये मैंने,
शायद पलंग के नीचे होंगे,
अहा! मिल गये...
पहनते ही निकल जाऊँगी,
अपने सपनों के हसीन सफ़र पर...

पर तभी,
छुटकू की आवाज़ आती है,

“ममा, आई एम हंगरी ”
और जीवन साथी
आकर कहता है,
“यार एक कप चाय पिला दोगी प्लीज़!”
और मैं,
जैसे एक गहरी नींद से जागती हूँ,
जवाब नहीं देती,
ना छुटकू को,
ना उसके पापा को,
बस भीगी नज़र के इशारे से,
कारवाँ से कहती हूँ,
इस बार
मैं ना आ सकूँगी साथ,
तुम जाओ...

पर अगली बार,
मैं पक्का आऊँगी तुम्हारे साथ,
और ख़ुद देखूँगी
उन सारी अनदेखी जगहों को...
और मिलूँगी उन सारे
खूबसूरत लोगों से...

वो सारे जादुई क़िस्से
अगली बार मैं सुनाऊँगी,
अपने लोगों को...

इस बार, तुम जाओ

मेरे ख़्यालों के कारवाँ!
मैं अगली बार,
पक्का चलूँगी...

बस चल देना

नयी राह,
नयी उम्मीद,
नयी आस,
नयी सोच,
नयी दिशा,
नया जोश,
नया जुनून,
नया आत्मविश्वास,
मेरे दोस्त!
जब मिल जाये
तो चल देना...
सच बोलूँ मैं,
इनमें से कुछ भी,
अगर मिल जाये,
तो अटके मत रहना,
बस चल देना...

सुनो लड़की!

क्या हुआ मेरी जान?
थक गईं क्या?
हार रही हो??
तो सुनो!
अपनी ही घिसी हुई खाल को,
रोज़ बदलना होगा,
जीत हो या ना हो,
रोज़ ख़ुद से ही लड़ना होगा...
अपनी ख़ामियों को,
ख़ारिज करना होगा
अपनी खूबियों को,
और रगड़ना होगा
जीत हो या ना हो,
रोज़ ख़ुद से ही लड़ना होगा...

किसी और से जूझते हुए
ख़त्म हो जाओगी,
तो मंज़ूर है मुझे ,
पर ख़ुद के अदना से साये से हारीं,
अपनी जान की बाज़ी
लगाये बिना शमशीर डाली,
तो मैं तुम्हें जानती ही नहीं...

कौन हो तुम?

तुम तो वो नहीं,
जिससे प्यार किया था मैंने,
तुम तो वो नहीं,
जिस पर एतबार किया था मैंने,

तुम वो हो ही नहीं सकती
क्योंकि वो, मेरी जान,
ऐसे तो नहीं हारेगी...
बिना लड़े
हथियार नहीं डालेगी...

सुनो लड़की!
अगर हिम्मत का
एक रेशा भी बाक़ी है,
तो,
काँपती टांगों पर,
फिर से खड़ा होना होगा,
जीत हो या ना हो,
आज तो तुझे लड़ना होगा...
अपनी हर जंग जीतनी होगी
अपना हर युद्ध जीतना होगा...

मेरी जान,
ख़ुद से हार जाये,
वो तू हो नहीं सकती
ख़ुद को ना जीत पाये

तो मैं, तू हो नहीं सकती
जो,
हर तूफ़ान से भिड़ जाये,
मैं उसकी साँसें हूँ
जो,
जंग में जीत से नज़र ना हटाये,
मैं उसकी धड़कन हूँ
जो,
हर रोज़ ख़ुद को हरा,
नयी बनती जाये,
मैं उसकी चेतना हूँ...
मैं उसी की प्रज्ञा हूँ...

सफ़र या सियापा

सुना है,
इस दुनिया में आने का,
हर एक बंदे का,
कोई ना कोई मक़सद,
ज़रूर होता है...
हर एक जिस्म,
जिसमें ख़ुदा ने
जान बख़्शी है,
उसकी एक मंज़िल
भी तय की है,
जिस पर उससे पहुँचना ही है...

वाह! मतलब सफ़र तो करना ही है...
पर एक सियापा है इस सब में,
जब उसने जान जिस्म में डाली,
और ख़्याल ज़ेहन में डाला,
तब ख़ुदा को एक शरारत सूझी...

उसने जानदार को ये ना बताया,
की तेरी मंज़िल क्या होगी...
सफ़र तेरा होगा,
सफ़र के अच्छे बुरे
एहसास तेरे होंगे,
धूल, धुआँ,

शोर-शराबे,
सब तेरे होंगे...
नदियाँ, झरने, पहाड़, सहरा,
सब तेरे होंगे...
साथी राहगीरों से मिले,
कड़वे, मीठे, खट्टे, कसैले स्वाद,
सब तेरे ही होंगे...

तुझे शुरू में समझ ना आयेगा,
कि तुझे जाना कहाँ है...
पर Catch यही है इस खेल का प्यारे...

तू,
एक अनजान सफ़र पर निकलेगा,
कभी राह मिलेगी,
कभी राह बनानी पड़ेगी,
कभी मंज़िल साफ़ दिखेगी,
कभी मालूम होगा कि,
वो तो एक मृगतृष्णा थी....

कभी ठोकर लगेगी,
कभी सहारा मिलेगा,
पर इन सबसे जूझ कर भी,
तू चलता रहा,
तो यक़ीन मान,
तेरी राह, तेरी मंज़िल,
तेरी जानिब ख़ुद चल देंगी...

जब तू चलते चलते,
थक कर चूर हो गया होगा,
तेरी मंज़िल,
बीच का सफ़र,
तेरी ओर, ख़ुद तय कर लेगी...

पर बंदे!
उस पल तक का हौंसला
उस लम्हे तक की हिम्मत
और,
उस Moment तक की Sanity,
तुझे ही दिखानी होगी...
यही Catch है इस खेल का...

वो एक रोटी

अपनी प्लेट लगा कर,
डाइनिंग टेबल की कुर्सी
सरकायी ही थी,
कि नन्हे ने एक रोटी
और माँग ली...
अपनी प्लेट में रखी,
दो रोटियों में से एक,
उसकी प्लेट में रख दी मैंने...

फिर द्वंद्व छिड़ा मन में एक पल को,
एक रोटी और बना लूँ अपने लिए...
अरे! पर फिर से आटा गूँथना पड़ेगा,
वो भी बस एक रोटी के लिये...

छोड़ो ना,
अब कौन आटा लगाएगा,
आज एक रोटी कम ही खा लेती हूँ,
वैसे भी इतना वज़न बढ़ रहा है ,
थोड़ी कैलोरी ही कंट्रोल हो जाएगी...
और यही सोच,
मैंने नहीं बनायी वो रोटी...
जो, मैं हर हाल में बनाती,
अगर वो किसी और ने माँगी होती...
आटा भी गूँथती और रोटी भी बनाती...

बस,
ख़ुद के लिए नहीं बनती मुझसे,
वो एक रोटी....

रोशनी का वादा

सूरज के साथ,
उगा है दिन,
जगी है रात,
जो सोयी थी जाने कब से,
काले घने अंधियारे में,
जागना चाहती थी
जाने कब से,
पर अंधकार
ख़त्म होने को ना आता था,
बस गहराता ही जाता था,
रात भी यूँ ख़ामोश सी,
बस राह ही तकती रहती थी...
नींदों से लड़ती रहती थी...

वो उठ के चमकना चाहती थी,
अभी की रात से,
कल का दिन बनना चाहती थी...
पर ना जाने क्यों,
ये अंधेरा उस से चिपक सा गया था...
जो पहले कुछ पहर के लिए आता था,
इस बार जैसे,
सदियों लंबा सा बसेरा था...

जैसे वो काला घना धुंध भरा अंधेरा,
कहीं ना जाना चाहता था...
रात को निगल जाना चाहता था...
पर रात की ख़्वाहिश गहरी थी,
वह दिन की तरह सुनहरी थी,
वह रात के दिल में रहती थी,
और हर पल बढ़ती रहती थी...

और अरसे बाद,
एक दिन,
अंधकार की घड़ियाँ बीतीं,
रात की बेख़ौफ़ चाहत के आगे,
अंधकार ने घुटने टेके,
वो सिमटने लगा...
जो पूरी दुनिया में भर गया था,
वो अब अपने आप में भरने लगा...
जितना वो सिमटता,
आशा का नन्हा सूरज,
उतना ज़्यादा बढ़ता...
दिन की रोशनी,
उतनी ज़्यादा फैलती...
रात के दिल की,
सुनहरी रोशनी,
पूरी दुनिया पे
ख़ुशी बनकर चमकने लगी...
अंधेरा अब कहीं ना था,
वो भाग चुका था ...

उस अदम्य इच्छा के आगे,
उसका साया तक ना टिक पाया...
अब रोशनी का राज था,
और सुख से भरा समाज था...
हर ओर ख़ुशी की धूप थी,
दिल में चाहतें अब खूब थीं...

रात ने दिन बन ये बता दिया,
चाहत ग़र आपकी पक्की हो,
टूट कर फिर से बनना,
गिर कर फिर से उठना,
डूब कर भी तर जाना
अगर मंज़ूर हो,
तो सुनो साथी!
तुम्हारी रात कितनी भी अंधियारी क्यों ना हो,
सुनहरी गर्म नर्म रोशनी से भरा सूरज
बस उगने ही वाला है
वो देखो!
आसमान की गुलाबी छटा,
ये सिर्फ़ सूरज के उगने की खबर नहीं,
ये रोशनी का
वादा है तुमसे...

ख़ुद ही मूरत, ख़ुद ही छैनी

मैं कौन हूँ,
मेरा नाम है क्या?
इस दुनिया में,
मेरा काम है क्या?
मैं क्यों जन्मी,
मैं क्यों आयी,
मैंने एक औरत
की छवि ही क्यों पायी?
क्या सबब है मेरे होने का,
या ये सब बस यूँ ही हो गया...
ये भावों का आवेश है क्यों,
ये मन में मेरे क्लेश है क्यों,
क्यों साँसों में तूफ़ान भरे,
क्यों आँखों से लावा है बहे...

किस कारण से दिल दुखता है,
कुछ भीतर मेरे चुभता है,
अपनों से ये कैसी जलन मिले,
तन मन में अजब सी चुभन चले,
कहने को बहुत पर कहा नहीं,
जो कहा वो उसने सुना नहीं...
मेरे मन की उस आवाज़ को...
जो बस नाम उसी का लेती है,
ना जाने क्यों उस काफ़िर ने,

सुन कर भी मन में गुना नहीं...

मैंने उसको गढ़ना चाहा,
शायद ये उसको जँचा नहीं...
सच भी तो है ये...
ना वो मूरत, ना मैं शिल्पी,
नाहक ही मैंने की गलती,
दायरे को समझना ना जाना,
अनजाने में,
ख़ुद को, उस से बेहतर माना...

ये मेरा काम नहीं है जी,
करना फ़िकर किसी की भी...
सबका अपना जीवन है ये,
सबका अपना दायरा है ये,
मुझे नहीं है जाना पार कहीं,
मेरे अपने दायरे के कभी...
मुझे ख़ुद को ही बस गढ़ना है,
मुझे अपना ही शिल्पी बनना है,
अपनी छैनी का वार मुझे,
बस अपने पर ही करना है...
मैं बस अपनी ही मूरत हूँ,
ख़ुद को छीलूँ, काटूँ, छैनी मारूँ...
कभी तेज कभी धीरे,
मैं बस अपनी ही मूरत संवारूँ...
यही है ध्येय, यही उद्देश्य है,
मेरे होने का, यही सही परिप्रेक्ष्य है....

जो मैं हूँ अब, कल मैं वैसी ना होऊँ,
अगले दिन फिर मैं वैसी ना होऊँ,
जैसी मैं कल थी...
मुझे रोज़ बदलते जाना है,
मुझे रोज़ संवरते जाना है,
मैं कल से बेहतर आज बनूँ
और आज से बेहतर कल होंगी...
बस यही वही कारण है जी
जिसके लिये मैं यहाँ आयी होंगी...
बस यही वही कारण है जी,
जिसके लिये मैं यहाँ आयी होंगी...

मैं एक दिन कर दिखाऊँगा

कोई घटना, कोई बात,
कोई बंदा, कोई रात,
जो उलझा गई हमें अनचाही गिठानों में
ढेर सारी गिठानें,
डर की, घबराहट की,
झल्लाहट की,
छटपटाहट की,
बेइज़्ज़ती की,
बेक़दरी की,
गिठानों में गिठानें,
हर रोज़ हर पल और उलझती जाती हैं,
मैं ये गिरहें खोलना चाहता हूँ,
खोल नहीं पाता,
तोड़ना चाहता हूँ,
तोड़ भी नहीं पाता,
माँ, बाप, मास्टर,
साथी, संगी, सहकर्मी
बॉस, मैनेजर
काश ये भी सिखा देते,
उलझी बातों को,
उलझे लोगों को,
उलझी यादों को,
भूल जाना,
छोड़ देना,

मिटा देना,
सिखाते कि कैसे करते हैं,
हर रोज़, एक नयी शुरुआत...
सिखाते कि कैसे,
माफ़ करते है,
दिल जलाने वालों को...
या भूल कर,
छोड़ देते हैं पीछे
धोखा देने वालों को,
वो घटनायें,
वो बातें,
वो बंदे
वो रातें,
हर वो लम्हा जब,
दहशत ने दस्तक दी थी,
और मन में गफ़लत आयी थी,
जब दिल ने राहत माँगी थी,
बदले में बदहवासी पायी थी,
पर आज मैं बदलूँगा सब कुछ,
आज,
मैं हर लम्हा ख़ारिज करता हूँ,
मेरी यादों से, मेरी बातों से,
मैं आज मिटाता हूँ हर पल,
जो घाव की तरह दुखता है,
मैं आज भूलता हूँ हर क्षण,
जो ग़म मेरे दिल में रखता है...

इस पल से अब आज़ाद हूँ मैं,
कोई डोरी, कोई धागा,
कोई बेड़ी ना बाँधेगी
मैं ख़्वाब नये फिर देखूँगा
मैं राह नयी फिर ढूँढूँगा
मैं मंज़िल अपनी पाऊँगा
और पहुँचूँगा जिस दिन घर अपने,
तुम्हें पाती पक्का भिजवाऊँगा...
लिखूँगा,
कहा था ना मैंने,
"मैं एक दिन कर दिखाऊँगा...
तुम आना, तुम्हारा स्वागत है!
अपने सपनों से मिलवाऊँगा...
मैं एक दिन कर दिखाऊँगा"...

खोयी खोयी सी

पता ही नहीं चलता कब,
बच्चों की चड्डियाँ, मोज़े,
पेन, क़िताबें,
पति का रूमाल, चश्मा,
चार्जर, घड़ी, चाबियाँ
ढूँढते ढूँढते,
वो अल्हड़, बेफ़िक्र,
बेख़ौफ़,
खुली आँखों से,
सपने देखने वाली,
बिंदास, बेपरवाह लड़की,
खो देती है,
अपने सपने, ख्वाहिशें,
ज़िद, जुनून
और शायद,
अपना वजूद भी...

सवालों की सुरंग, जवाबों की रोशनी

ये ज़िंदगी क्यों बोझ सी
हो जाती है कुछ लम्हों में,
क्यों इतनी भारी, इतनी बोझिल,
ख़ुद की ही साँसें लगती हैं...
क्यों हार जाने का,
इरादा सा हो जाता है
उन लम्हों में,
क्यों हर लड़ाई,
बेज़ार लगती है उन लम्हों में...
जिस मायूसी को कभी तरजीह ना दी मैंने,
क्यों उसी मायूसी की आग़ोश में
सुस्ताने को दिल चाहता है उन लम्हों में...
क्यों लगता है कि छोड़ दो सफ़र, बस यहीं,
इसी पल...
क्यों ज़रूरी है ये,
लंबी सुनसान मुश्किल राहों का सफ़र...
क्या ही पा लूँगी मैं मंज़िल पर पहुँच कर...
क्या इतनी तक़लीफ़ ख़ुद के लिए गवारा थी कभी??
फिर क्यों उठायी ये क़सम जिये जाने की?
फिर क्यों मानी तुम हर हाल में खुश होने को,
क्यों तुमने दी रज़ामंदी हर ग़म उठाने के लिए
क्यों मुस्कुरा के चुन ली आज़माइशें

या फिर बस ऐसे ही आ गयीं
तुम्हारे हिस्से ये स्याह रातें
क्या किसी ने बिना पूछे
तुम्हारे आंसुओं का नमक बढ़ा दिया?
कौन था जिसने यूँ ही लिख दी
तबाही तुम्हारे हक़ में ?
किस ने, बस बना के छोड़ दिया बेसहारा
अपनी क़िस्मत ख़ुद लिखने के लिये
हाए!!
पर ये भी देखो मज़ाक़,
उस लम्हायी लंबे तूफ़ान के बीत जाने के बाद
क्यों मिल जाते हैं मुझे सारे जवाब,
ख़ुद ही,
सवालों से भरे मेरे वजूद में
क्यों फूटने लगते हैं
जवाबों के फ़व्वारे...
क्यों सुरंग के आख़िरी कोने पे
फिर से दिखाई देने लगती है रोशनी
क्यों मुरझाए पौधों में जान आने लगती है
क्यों राह के नये नज़ारे
आवाज़ देने लगते हैं मुझे
क्यों सफ़र अब कुछ कम बोझिल लगता है
उन लम्हों के बाद मेरी साँसों की सरगम
फिर से खनकने लगती हैं जैसे...
शायद यही सबब है इस सारे फ़साने का,
ये लम्हे भी मुझे यही कहना चाहते हैं शायद,
कि तुम काफ़ी हो मेरी जान...

हमेशा से थीं...
इसीलिए तुम्हें, तुम होने के लिए,
आज़ाद बनाया था उस ने...
बस इतना याद रहे,
ख़ुशी ही तुम्हारी असली मंज़िल है...
और ख़ुशी ही तुम्हारा पूरा सफ़र...
ज़िंदगी के,
हर पल, हर लम्हे में...

कल जियूँगी

कल मिलूँगी
कल कहूँगी
कल लिखूँगी
कल सुनूँगी
तुम्हारे दिल की बात
और सुनाऊँगी अपने
दिल के हालात
कल हँसूँगी
कल रुकूँगी
कल बहूँगी
कल नज़र की
कोर के आंसू को
शब्दों में भरूँगी
कल लड़ूँगी
कल भिड़ूँगी
कल ज़रा भी ना सहूँगी
उसके मर्मभेदी बाण
और दूँगी
बराबर का जवाब
कल खिलूँगी
कल घुलूँगी
कल ज़रा भी ना हटूँगी
और हासिल कर ही लूँगी
अपना सही स्थान

कल चलूँगी
कल बढ़ूँगी
कल ज़रा भी ना डरूँगी
चाहे जो हो हालात
कल सजूँगी
कल जियूँगी
कल मरूँगी
क्योंकि आज है
मेरे बच्चों के स्कूल का एग्जाम
और शाम को आने वाले हैं,
कुछ ज़रूरी मेहमान...

एक प्यारा पति

एक समझदार प्यारा पति,
बेशक़ कई दिनों में,
वो हो सकता है तुम्हारा
सबसे छोटा,
सबसे नादान,
सबसे ज़िद्दी, नासमझ बच्चा
पर ज़्यादातर रोज़,
वो निभाता है हर वो किरदार,
जो ज़रूरी है,
तुम्हारे खुश होकर
जिये जाने के लिए...
हाँ वो तुम्हारा पति तो है ही,
पर किसी रोज़ जब,
तुम्हारा मन उदास होता है,
और वो बस यूँ ही,
बन जाता है चुहल करने वाला,
तुम्हारा भाई,
जो तुम्हें बिना बात छेड़ता है,,
तंग करता है
खींचता है तुम्हारी टाँग,
ताकि तुम भूल सको,
अपनी गफ़लत
और लगा सको,
एक मस्ती भरा ठहाका...

या चिल्ला के दौड़ो उसके पीछ,
पीठ पर एक धौंस जमाने को...

किसी दिन तुम दोनों बन जाते हो,
दो बहनें, और करते हो किस्सागोई जम के,
आपस में सिर घुसा के
बातें करने में,
बहुत मज़ा आता है तुम्हें...
एक अच्छा पति होता है,
सबसे अच्छा चुग़ली पार्टनर...

और जिस दिन,
तुम्हारा दिल उदास होता है,
कुछ अजीब सी नाख़ुशी का एहसास होता है,
ना जाने उसे कैसे पता चल जाता है,
और उस पल में वो,
तुम्हारी माँ बन जाता है...
तुम्हें दुलारता है,
मनाता है,
गोद में बिठाकर चूम भी लेता है...
और जब तुम रो रोकर थक जाती हो,
तो तुम्हें अपने पास लिटाकर,
तुम्हारे सो जाने तक,
तुम्हारा माथा सहलाता है...

और जब जीवन में,
संघर्षों का समय आता है,

तुम्हारा पति सिर्फ़
तुम्हारे बच्चों का ही नहीं,
तुम्हारा भी पिता बन जाता है...
तुम्हारे हर दुख को,
सुख में बदलने की ज़िम्मेदारी उठाता है...

और ऐसे ही प्यार में पड़ा हुआ,
एक प्यारा पति,
अपनी जीवन साथी के लिये,
हर रूप में उसका जीवन सजाता है...
शिद्दत से उसका साथ निभाता है....
एक प्यारा पति...

अंतर्यामी से अंतर की बात

दो चार बातें हैं मेरी
दरअसल बातें नहीं,
गहरी, अंदर से बाहर आती
इच्छाएँ हैं...
पहली तो तब से है
जब से मैंने गाड़ी में
ख़ुद के पैसों का पेट्रोल
भरवाना शुरू किया था
हे भगवान! काश मेरी गाड़ी,
पानी से चलने लग जाये...
कितना मज़ा आए,
घर से ही गाड़ी फुल टैंक हो जाये...
थोड़ा पानी वाइपर में,
और बहुत सारा फ्यूल टैंक में काम आ जाये...
ओह भगवान! ज़िंदगी में कितने
आराम की बात हो जाए...

दूसरी इच्छा दरअसल तब जागी,
जब मैं दुबई की
सिर्फ़ हसबैंड वाइफ वाली लाइफ छोड़,
अपने ससुराल आ बसी,
भगवान! ये जो हर तीसरे दिन
हमारे घर में कपड़े धुलते हैं ना,

वो कोई बात नहीं,
मशीन हमारी अच्छी है,
सुखाने में भी कोई समस्या नहीं,
असली परेशानी,
कपड़ों के सूखने के बाद की है...
कोई तो तरकीब निकालो प्रभु!
कि कपड़ों का वो ढेर,
बस स्वयं आत्मनिर्भर हो जाये,
और ख़ुद ही अपनी सही जगह,
व्यवस्थित हो जाये...
हे परमात्मा! यदि ये इच्छा पूरी हो जाये,
तो जीवन का बहुत बड़ा संकट ही टल जाये...

बस एक आख़िरी तीसरी इच्छा और सुन लो प्रभु!
वैसे तो बहुत सारी हैं, पर आज के लिए बस
इतनी ही पूरी कर दो...
थोड़ा मुश्किल है,
पर आपके लिए,
कुछ भी, क्या ही मुश्किल है...
वो जो मैं दिन में कम से कम तीन घंटा
इंस्टाग्राम पे फिटनेस वाले वीडियो देखती हूँ ना,
आप तो जानते ही हो ना सब,
हे अंतर्यामी!
बस इतना कर दो कि,
हर वीडियो देखने से मेरा 100 ग्राम,
नहीं नहीं , 100 नहीं,
बस, सिर्फ़, ज़रा 50 ग्राम

वज़न कम हो जाये,
मतलब 50 ग्राम/पर वीडियो कम हो जाये
तो प्रभु आपका दिया ये जीवन
एकदम ज़ोरदार, ज़बर्दस्त, ज़िंदाबाद हो जाये मेरे स्वामी!!
बस ये कर दो मेरे ईश्वर!
बाक़ी तो आपकी कृपा अनंत है मुझ पर...
खूब खूब धन्यवाद है...
हे नाथ!
आपकी कृपा से
फल फूल रहे हैं, आबाद हैं...

कहानी सुनाना ज़रूरी है

पढ़ो, खूब पढ़ो
लेनिन, मार्क्स, गोर्की को पढ़ो,
मंडेला, लूथर, चेखोव और गांधी को पढ़ो
डूब जाओ आइंस्टाइन की किताबों में
जाके ढूँढो क्या कहा शहीदे-ए-आज़म ने
तुम्हें मुश्किल लगे तो
जावेद अख़्तर काफ़ी हैं
राहत इंदौरी और निदा फ़ाज़ली भी बाक़ी हैं
जो कविता नहीं भाती तुम्हें
तो कहानियाँ पढ़ो,
टैगोर, शेक्सपियर, होमर को पढ़ो,
प्रेमचंद, मंटो, महादेवी को पढ़ो,
कहानियाँ पढ़नी नहीं हैं, तो कहानियाँ सुनो...
और सुनाओ उन सबको,
जो पढ़ नहीं पाते...
ज़ोर से सुनाओ,
हिम्मत जुटाओ,
जब तुम कहानियाँ सुनाओगी,
तो हर सुनने वाले में कुछ मिट्टी कुरेदोगी,
और कुछ नये बीज बोती जाओगी
बीज प्रेम के,
बीज आपसी सद्भाव के
बीज स्वतंत्र सोच के
बीज परोपकार के

बीज इंसानियत के
बीज सुंदर सपनों के
बीज एक खुशहाल
अमनपसंद दुनिया के निर्माण के
इसलिए प्रिये!
पढ़ो, सुनो, कहो, बुनो
और तुम्हारी पसंद की
तुम्हारे विचारों सी सुंदर,
तुम्हारी नीयत सी साफ़, पारदर्शी,
दुनिया बनाने का ,
मौक़ा चुनो...

सपनों का सूटकेस

राह की धूल, धूप के साये
लू के थपेड़े , खोती सी सड़क
गला सूखा, आँख नम
प्यास बहुत और पानी कम...
घर बार छोड़ कई दिन हुए,
दिलदार छोड़े कई दिन हुए,
दोस्त यार छोड़े कई दिन हुए
लगा था,
अब तक पहुँच जाऊँगा
पर ये सफ़र
ख़त्म ही नहीं होता
सपनों का सूटकेस लेकर
जब मैंने राह ये पकड़ी थी
उम्मीदों से जेब भरी थी
आँखों में धूप सुनहरी थी
पिता की आस, पत्नी की ख़ुशी
बच्चों की फ़रमाइशें और मेरी अपनी चाहतें,
इन सबको पाने निकला हूँ

चलते चलते पैर कुछ दुखने लगे हैं,
जेब की उम्मीदें जहां तहाँ गिर गई हैं,
आँखों की धूप पर जैसे बादल घिर आए है..
सपनों का सूटकेस,
कुछ ज़्यादा भारी हो गया है

कहीं अपने ही सपनों के बोझतले,
मैं दब तो ना जाऊँगा..

ये अंधेरा सा क्यों दिखता है
ये पैर मेरे क्यों डिगते हैं
ये साँस मेरी क्यों उखड़ी है
ये होश मेरे क्यों खोते हैं
थक गया हूँ मैं शायद,
रुक कर सोचता हूँ
कहीं राह मेरी ग़लत तो नहीं?
कहीं मोड़ मेरा ग़लत तो नहीं?
कहीं दिशा मेरी ग़लत तो नहीं?

पता कैसे लगाऊँ,
ये जान कैसे पाऊँ
कि राह ये मेरी, सही ले जा रही है मुझे?

सोच की गिरहें
खोलता बांधता राहगीर
अपनी ही ग़लतियाँ ढूँढता राहगीर,
अपने ही फ़ैसलों को तौलता राहगीर,
थका हारा नींद की गिरफ़्त हो गया...

कई घंटों बाद जब नींद खुली तो देखा,
सड़क के दूसरे छोर से,
कहीं बहुत दूर से
दिनकर ने भोर जगायी है

चहूँ ओर लालिमा छायी है
पंछियों ने घौंसलें छोड़े हैं
गायें खुश हो रंभायीं हैं
ओस की बूँदें,
फूलों की महक ने
राहगीर की सारी थकन भुलायी है

जिन सवालों के जाल में
फँसता निकलता, फिर से फँसता
सो गया था वह
सारे जवाब उसकी आँखों के सामने थे
साफ़ सुंदर चमकदार,
उगते सूर्य की दिशा ही,
उसकी मंज़िल मिलेगी उसे...
दिन रात उसे उगते सूरज की ओर ही तो चलना था
बिना डरे, बिन घबराये बस चलते ही तो जाना था
रात के अंधेरे को साथी बनाना था
उसके आते ही उसे भी गले लगाना था
जैसे इस सुबह को लगाया है
यही भूल गया था मैं,
ये कैसे भूल गया था मैं...

पलकों पे उत्साह के आंसू लिए
अधरों पे ख़ुशी की मुस्कान लिए
राहगीर ने झटके से सूटकेस उठाया
उसे लगा जैसे सूटकेस में किसी ने
पंख भर दिये हों

आँखों में फिर से
उगते सूरज की दमक थी
और जेबों में, उम्मीदों के सिक्के
बराबर भरे थे,
अपने सपनों की ओर जाती सड़क पर
उसके कदम, हवा से बातें करने लगे
इस बार वो नहीं डरेगा
इस बार वो नहीं रुकेगा
इस बार वो नहीं फँसेगा
अपने मन के जालों में
निरर्थक सवालों में
और पा ही लेगा...
अपने सपनों की मंज़िल,
अपनी सारी चाहतें...

सबसे सुंदर लड़की

आज मेरी बेटी,
जब स्कूल से लौटी,
मेरी सदा चहकती चिड़िया,
कुछ उदास सी थी,
आँखों का गीलापन,
मानो चीखना चाहता था,
मैंने पूछा, तो वो पहला शब्द,
पूरा बोलने से पहले ही रो दी...
मेरा दिल मुँह को आ गया ...

पास बिठाकर फिर से पूछा तो
वो लगभग चीखते हुए बोली,
ममा, ये कैसे लोग हैं ??
बिलकुल बदतमीज़!!
वो किसी को अपीयरेंस
पर कैसे जज कर सकते हैं??

मुझे अभी भी कुछ समझ नहीं आया,
मेरे और पूछने पर वो अपने आंसू पोंछते हुए बोली
ममा मेरी बेस्ट फ्रेंड की एक फ्रेंड ने,
मेरे लिये बात करते हुए कहा
कि "वो है ना तेरी काली सी फ्रेंड"
और ये कहते हुए,
जैसे उसके सब्र और साहस का

बांध टूट गया...
और,मेरी हालत ऐसी थी,
जैसे पुराने घाव पर,
किसी ने अंगारा रख दिया हो...
लेकिन इस से पहले कि,
मैं अपने दिल में उठे इस दर्द को,
ढंग से महसूस कर पाती,
मेरी बेटी ख़ुद को बाक़ायदा
सँभालते हुए बोली,
ममा, मुझे पता है मैं बहुत सुंदर हूँ,
मेरा बाहरी रंग
मेरी सुंदरता और बढ़ाता है,
और मुझे किसी का सर्टिफिकेट नहीं चाहिए,
पर ममा सोचो वो लड़कियाँ जो
अपने दिखने पर कमेंट सुनकर
घायल हो जाती हैं,
अंदर बाहर छिल जाती हैं,
उनका क्या होता होगा??
जब मुझे इतना बुरा लगा
तो मेरी जैसी दिखने वाली बहुत सारी
लड़कियों को कैसा लगता होगा??
वो कितनी तकलीफ़ पाती होंगी ममा...

और एक पल में जैसे,
मेरे सालों पुराने घाव पर रखा अंगारा
बर्फ में बदल गया...
पुरानी टीसों में ना जाने कैसा आराम पड़ गया...

जब मेरी छोटी सी बेटी ने,
अपने दर्द के परे जाकर,
उन करोड़ों सांवली-सलोनी,
सुनहरी परियों के बारे में सोचा,
जो निहायती खूबसूरत होने के बावजूद
इस समाज के सड़े हुए,
मापदंडों पर रोज़ तौली जाती हैं,
और ये बेगैरत समाज
उनसे उनकी शख़्सियत का
सबसे क़ीमती सामान,
उनका आत्मविश्वास
उनका आत्मसम्मान
उनका गर्व उनसे छीनता जाता है
रोज़, थोड़ा थोड़ा.....
और धीरे धीरे,
ये परियाँ भूल जाती हैं
कि इनके सुनहरे पंख
इन्हें क्यों मिले थे....

कैसा रहे, अगर हम,
इन परियों के रखवाले,
इन्हें भूलने ही ना दें
कि इनके पंखों की ताक़त,
इनकी आँखों की चमक
और इनकी गर्व भरी मुस्कान के आगे
ये सारा समाज निःशक्त,
और ये सारी दुनिया छोटी है...

चलिए हम उनसे हर रोज़ कहें,
“मेरी बच्ची!
काश तुम ख़ुद को मेरी नज़र से देख पातीं,
कि तुम कितनी ख़ूबसूरत हो!!
तुम,
बेशक, इस दुनिया की,
सबसे सुंदर लड़की हो....”

शुक्रिया ज़ुबीन!

ज़ुबीन, तुम अचानक सालों बाद,
हवा पर सवार, ख़बर बनकर आए,
"ज़ुबीन गर्ग, भारतीय गायक, नहीं रहे!"
मुझे दुख हुआ, लेकिन बस उतना ही,
जितना एक आम आदमी को,
एक सेलिब्रिटी के जाने का हो सकता है....
मैं नाम जानती थी तुम्हारा,
अपने रेडियो के दिनों में
तुम्हारे गाने, बड़े शौक़ से बजाये थे मैंने,
अगले कुछ घंटों तक तुम,
एक थोड़ा बुरा लगने वाली खबर ही थे,
मुझ जैसे करोड़ों लोगों के लिए....
पर तुम्हारे सुनहरे इतिहास के पन्ने,
हम सब पर रोशन होना अभी बाक़ी थे....

अगले दिन मेरे पापा का फ़ोन आया,
गुवाहाटी से,
संयोगवश मेरे मम्मी पापा,
पिछले दो दिनों से,
वहीं थे
और उन्होंने
अपना अद्वितीय अनुभव सुनाते हुए कहा,
की किसी असमिया कलाकार की मृत्यु हो गई है,
ज़ुबीन गर्ग, मैं उन्हें नहीं जानता, लेकिन,

ऐसा लग रहा है कि कोई महान व्यक्ति,
जो सिर्फ़ एक कलाकार नहीं था,
बल्कि अपने आप में एक आंदोलन था,
चला गया है....
असम पूरा थमा हुआ है,
लोग गाते जाते हैं, रोते जाते हैं,
हर वर्ग, हर धर्म, हर तबके के लोग हैं,
ऐसा लगता है जैसे इनका भाई,
बेटा, या जिगरी दोस्त चला गया हो
मेरे पिता तुम्हें नहीं जानते ज़ुबीन,
पर उनकी ज़बान में एक अजीब सी नमी
मुझे साफ़ सुनाई दे रही थी।।

और उस पल के बाद, जो सिलसिला शुरू हुआ है
तुम्हें सही मायनों में जान पाने का,
वो रुक ही नहीं रहा है,
उस पल के बाद ना जाने कितनी बार
ये आँखें रोयी हैं,
तुम्हारे गीत बराबर बज रहे हैं,
और अब 'मायाबिनी'
जैसे एक देशगान बन गया है।।।

ज़ुबीन ,
इस बीते एक हफ़्ते में तुम
मेरे इंसान होने का पैमाना बन गये हो!
मुझे लगता था कि मैं एक ठीक ठाक इंसान हूँ,
पर तुमने मुझे बताया है कि,

इंसान होना कहते किसे हैं
तुमने दिखाया है हमें कि,
एक सच्चा इंसान जब,
इस दुनिया में आकर जीता है,
तो वो कैसा दिखता है,
वो कैसा सुनायी देता है,
वो कैसा महसूस होता है और,
जब वो इस दुनिया को,
अलविदा कहता है,
तो वो क्या सैलाब छोड़कर जाता है
अपने पीछे,
रोते बिलखते कमतर इंसानों का,
एक ऐसा सैलाब जो शायद,
सदियों तक एक सफल इंसान होने का,
सबक़ बनेगा, मेरे जैसों के लिए,
जो कमतर से बेहतर होना चाहेंगे...

तुमने कर के दिखाया कि,
जिया कैसे जाये और,
दुनिया को अलविदा कहा कैसे जाये,
तुमने दिखाया है हमें कि, अमर होना कहते किसे हैं....
कहते हैं इंसान सब पीछे छोड़ जाता है...
पर जो तुम पीछे छोड़ कर चले गये हो,
वो अनंत काल तक गूंजता रहेगा...
ना सिर्फ़ तुम्हारे गीतों में,
बल्कि तुम्हारे दिये गये,
और जिये गये विचारों में...

बेख़ौफ़, बेबाक़, बेदाग़ विचारों में...

मालूम ना था मुझे, कि वो शख़्स
जिसे मैं सिर्फ़ एक कलाकार के तौर पर जानती थी,
वो ज़ुबीन गर्ग, मुझे जीवन का सच्चा सार समझा जाएगा....
शुक्रिया ज़ुबीन!
बहुत बहुत शुक्रिया तुम्हारा...
कहीं न कहीं ज़रूर मिलना होगा...
और तुम, बस यूँ ही
चमकते रहना,
सूरज की तरह,
पथ प्रदर्शक बनकर,
इस पूरी इंसानी क़ौम का...

यारों का उधार

कई सालों बाद,
एक चेहरा निगाहों में उभर आया था...
बचपन के दिनों में,
वो मेरा सबसे घना साया था...
हर पल साथ, मस्ती की हर बात,
हमने मिलकर उन दिनों में,
खूब धमाल मचाया था...

दिल में जैसे एक चिंगारी सी उठी,
उन यादों के याद करते हुए,
मैंने अपना फ़ोन उठाया था...
नंबर उसका ढूँढने को,
नाम उसका दबाया था...
बहुत ढूँढा, पर नहीं मिला,
क्या खो गया था मुझसे,
मेरी सबसे ख़ास दोस्त का नंबर?
तभी बिजली सा ख़्याल ज़ेहन में आया था...
अरे यार!
उसका नाम तो कुछ और ही लिखाया था...
नयी उम्मीद के साथ फिर से ढूँढा,
इस बार उसका नाम नहीं,
"My best friend"

लिख के सर्च बटन दबाया था...
और ये लो,
मेरी दोस्त का नंबर
मेरी स्क्रीन पर जगमगाया था...

एक अजीब सी घबराहट से,
दिल मेरा घबराया था...
कुछ ख़ुशी, कुछ बेचैनी थी
और डरते डरते मैंने,
कॉल बटन पर उँगली रख दी...
धड़कन ने रफ़्तार पकड़ ली,
लगा, घंटी बजने से पहले
फ़ोन काट दूँ क्या?
उसने उठा लिया तो क्या कहूँगी?
वो मुझे भूल तो नहीं गई होगी?
अगर बिज़ी हुई तो?
छोड़ो बाद में कर लूँगी
पचासों सवालों से घिरी मैं,
बस अब कॉल काटने ही वाली थी,
कि दूसरी ओर से फ़ोन उठा,
और एक हैरत भारी आवाज़ ने,
मेरा नाम पुकारा...
मैं जैसे जम गई...
लेकिन आँख बस बहने लगी...
उसने एक बार फिर मेरा नाम पुकारा,
पर इस बार उसकी आवाज,
कुछ रूँधी सी थी...

तीसरी बार फिर से मेरा नाम लेकर वो बोली,
"तू ही है ना?"
और जैसे दोनों ओर,
कई सदियों से जमा झरना,
बचपन की मासूम अल्हड़ यादों की गर्मी से,
पिघल कर बहने लगा...
उस दिन,
फ़ोन नेटवर्क के दोनों ओर से,
सारी बातें बस आंसुओं में ही हो गयीं...

पर ये तय था,
कि इस कॉल का,
मेरी दोस्त को,
सालों से इंतज़ार था....
और मुझ पर ये कॉल,
जैसे जन्मों का उधार था...
तो यारों,
अपने यारों का उधार चुका दो...
और आज अपने भूले बिसरे,
यारों को एक कॉल लगा दो...
पिछला कॉल, किसने किसको किया था,
ये सवाल बेमानी है,
ज़िंदगी बड़ी ही छोटी है,
और उस पर,
बड़ा सा ईगो रखना,
बहुत बड़ी नादानी है...

तुम आज हारने से मना कर दो

कभी कभी,
सिर्फ़ साँस लेते रहना ही
काफ़ी होता है...
ज़िंदगी के
सबसे मुश्किल लम्हे में,
ये आती जाती,
गर्म, थकी हुई साँसें
सबूत हैं
तुम्हारी लड़ी गई जंग का...
ये साँसें,
संपूर्ण कहानी हैं,
तुम्हारे धैर्य और साहस की...
जो गूंज रही हैं,
इस ब्रह्मांड में,
हर बार,
बार बार,
तुम मेरे यार!
बस साँस लेते रहो,
धीरे धीरे,
गहरी गहरी,
हार जीत का
आज ना सोचो,

कल क्या होगा
आज ना सोचो,
आज समय से माँगो मोहलत,
और ईश्वर से माँगो,
एक साँस भर हिम्मत,
क्योंकि आज,
जब ज़िंदगी ने
तुम्हें इस तरह से तोड़ा है,
कहीं का ना छोड़ा है,
ऐसे में होनहार!
सिर्फ़ साँस ले पाना भी
विजय है तुम्हारी...
तो मेरे दोस्त!
बस आज की जंग जीत लो,
कल मैदान मारने के
बहुत मौक़े मिलेंगे...
बस तुम,
आज हारने से मना कर दो,
एक दिन,
बस एक और दिन
साँस ले लो...
साँस लेते रहो...

www.ingramcontent.com/pod-product-compliance
Lightning Source LLC
La Vergne TN
LVHW010103061026
849532LV00008BA/2942